Die magische WICHTELTÜR
Ein geheimnisvoller Gast zur Weihnachtszeit

Wichtelbriefe, lustige Streiche,
kreative Ideen und DIYs für einen zauberhaften Advent

von Lena Weddeling & Hanna Niestegge

Pattloch

Alle Rechte vorbehalten.

Das Werk darf – auch teilweise – nur mit Genehmigung des Verlages wiedergegeben werden. Die Nutzung unserer Werke für Texte und Data Mining im Sinne von § 44b UrhG behalten wir uns explizit vor.

© 2024 Pattloch Verlag

Ein Imprint der Verlagsgruppe Droemer Knaur GmbH & Co. KG, München

Illustrationen und Gesamtgestaltung: Hanna Niestegge
Lektorat: Kristin Funk

Gesamtherstellung:
Grafisches Centrum Cuno GmbH & Co. KG, Calbe
ISBN 978-3-629-01050-6

www.pattloch.de

5 4 3 2 1

Inhaltsverzeichnis

05 Vorwort

TEIL 1:   NUR FÜR DIE GROSSEN

08 Allgemeines zur Wichteltür
10 Die Vorbereitungen
13 Materialliste
14 Wichteltür Bastelanleitung
16 Wichtelmütze Nähanleitung
18 Briefeplaner
20 Wichtelbriefe Übersicht

TEIL 2:   FÜR KLEIN UND GROSS

26 Die Wichtelgeschichte
32 Wichtelbriefe von A-Z
60 Wichtelgeschichte zum Auszug

Hallo!

Ich freue mich riesig darüber, dass ihr euch die Vorweihnachtszeit mit der magischen Wichteltür versüßen möchtet und ich euch dabei als Weihnachtswichtel unterstützen darf! Ich helfe euch, eine zauberhafte Weihnachtszeit zu erleben, und möchte es vor allem für die Kinder, „die Kleinen" unter euch, besonders schön machen. Dafür benötige ich allerdings die geheime Hilfe von den Großen! Damit meine ich die Erwachsenen, also Mama oder Papa, große Geschwister, Großeltern, Lehrer*innen oder einfach jeden, der mir gerne helfen möchte.

Liebe Erwachsene, bitte lest euch die folgenden Informationen aufmerksam durch, bevor ich bei euch einziehe, denn so erfahrt ihr alles Wichtige über den Ablauf meines Besuchs bei euch. Während meines Aufenthalts möchte ich euch vor allem dazu inspirieren, Zeit miteinander zu verbringen und auch mal kreativ zu werden. Dabei können euch meine tollen Bastelvorlagen helfen, die euch vielleicht auch dazu motivieren, eure eigenen Ideen zu entwickeln.

Die Briefe, Bastelanleitungen und -vorlagen sind aber nur eine Grundlage. Ihr dürft eurer Fantasie und Kreativität freien Lauf lassen! Mir ist wichtig, dass ihr für meinen Aufenthalt möglichst wenig zusätzlich kaufen müsst. Es gibt zahlreiche Möglichkeiten, die Bastelideen mit einfachen Materialien umzusetzen. Ich freue mich daher besonders, wenn ihr Dinge nutzt, die ihr schon zu Hause habt. Die Bastelanleitungen bieten euch dazu diverse Ideen.

Das Buch ist so aufgebaut, dass der erste Teil (mit gestrichelter Bordüre markiert) nur für die Großen gedacht ist. Der zweite Teil ist für die Kleinen. Hier sind unter anderem alle Wichtelbriefe abgedruckt. Idealerweise verwendet ihr die Briefe in ausgedruckter Form, dafür findet ihr in diesem Buch diverse QR-Codes. Dort sind alle benötigten Druckvorlagen hinterlegt. Alternativ können die Briefe auch aus diesem Buch vorgelesen werden.

Abschließend möchte ich euch noch etwas Wichtiges mitgeben: Macht euch bitte keinen zu großen Stress mit der Wicheltür und den Aktionen. Das Schöne ist, dass die Kleinen mit sehr wenig Aufwand zu begeistern sind. Sie haben keinen direkten Vergleich zu anderen Wicheltüren und sehen nur ihre eigene winzige Tür, die sie im Advent mit Aktionen und Schabernack verzaubert. Am wichtigsten ist, die Fantasie der Kinder anzuregen und gemeinsam als Familie eine schöne, magische Vorweihnachtszeit zu erleben.

Bis dahin wünsche ich euch eine wichtelige Zeit!

Euer Weihnachtswichtel

Teil 1

—

Nur für die Großen

ALLGEMEINES ZUR WICHTELTÜR

Bordüre kennzeichnet den Erwachsenenbereich des Buchs

Wie funktioniert eigentlich eine Wichteltür?

Zu Beginn der Weihnachtszeit, in der Nacht zum 1. Dezember, erscheint eine winzige Tür, hinter der ein Wichtel mit Zauberkräften wohnt. Der Wichtel ist ein kleiner Helfer, der bei den Weihnachtsvorbereitungen tatkräftig mit anpackt und fleißig seinen Weihnachtszauber verbreitet. Die Tür ist so verzaubert, dass sie nur von Wichteln geöffnet werden kann. Tagsüber schläft der kleine Wichtel tief und fest und nachts erledigt er seine Aufgaben. Sehen wird man ihn leider nie, denn sonst würde er seine Zauberkräfte verlieren.

Wenn ihr möchtet, könnt ihr die Wichteltür als Ersatz oder auch als Ergänzung zu einem „normalen" Adventskalender nutzen. Der Wichtel kommuniziert per Brief mit den Kleinen. Wenn ihr möchtet, könnt ihr zusätzlich zu den Briefen auch andere Dinge wie eine kleine Näscherei oder ähnliches vor die Wichteltür legen. Hin und wieder treibt der Wichtel auch ein wenig Schabernack und bringt die Kleinen mit seinen Wichtelstreichen zum Lachen. An Heiligabend zieht er dann wieder aus, denn dann muss er dem Christkind und/oder dem Weihnachtsmann dabei helfen, die Geschenke zu verteilen.

Der ideale Standort für die Wichteltür ist für die Kleinen gut einsehbar. Am besten geeignet ist ein Raum, in dem ihr euch als Familie täglich mehrfach aufhaltet. So werden alle beim Blick auf die Wichteltür immer mal wieder an den neuen Mitbewohner erinnert. Traditionell wird die Wichteltür oberhalb der Fußleiste angebracht. Sollten jedoch noch Krabbelkinder und/oder Haustiere mit im Haushalt wohnen, ist ein höher gelegener Standort sicher die bessere Wahl. Die Bastelanleitung für die Wichteltür in diesem Buch enthält daher einen praktischen

Standfuß. Die Tür muss somit nicht zwingend festgeklebt werden und kann an einem beliebigen Ort stehen.

Wann wird die Wichteltür genutzt?

Die Wichteltür wird vom 1. bis zum 24. Dezember aufgestellt. Idealerweise gibt es jeden Tag Post vom Wichtel. Die Wichtelbriefe sind alphabetisch aufgelistet, anstatt bestimmten Daten zugeordnet zu sein. Ihr könnt also die Briefe flexibel einplanen. Ihr selbst könnt am besten abschätzen, an welchen Tagen und zu welcher Zeit euch die jeweiligen Aktionen am liebsten sind. Nur vier Briefe sind bei diesem Wichteltür-Adventskalender fest terminiert:

- die Wichtelgeschichte am 30.11., dem Vorabend des Wichtel-Einzugs (Seite 26)
- der Einzug am 1.12. (Brief A wie Anfang und Adventskranz)
- der Nikolaustag/-abend am 5. oder 6.12. (Brief N wie Nikolaus)
- der Auszug am 24.12. (Brief Z wie Zum Schluss)

DIE VORBEREITUNGEN

Ein bisschen Planung ist schon im November ratsam, damit ihr im Dezember nicht auch noch wegen der Wicheltür in Stress geratet. Die Vorweihnachtszeit kann so schon anstrengend genug sein und den Großen soll die Wicheltür natürlich auch Freude machen und keine zusätzliche Belastung sein!

1. Planung (Ende November)

→ Benötigte Utensilien: Briefeplaner (S. 18-19), Briefeübersicht (S. 20-24), Drucker für Zusatzmaterial und ggf. Wichtelbriefe

Idealerweise druckt ihr die Wichtelbriefe aus. Denn so können die Kinder morgens direkt sehen, dass etwas an der Wicheltür passiert ist. Zu einigen Briefen gehören ergänzende Darstellungen, Texte oder Vorlagen. Das sind die sogenannten Zusatzmaterialien. Diese findet ihr unter dem QR-Code des zugehörigen Briefs. Die Zusatzmaterialien müssen ausgedruckt werden, damit der Wichtel seinen Zauber verbreiten kann. Falls ihr Papier sparen wollt, genügt es, nur die Zusatzmaterialien auszudrucken. Die Wichtelbriefe könnt ihr dann aus diesem Buch vorlesen. Für eine dennoch sichtbare Veränderung an der Wicheltür, könnt ihr die Wichtelmütze nutzen, die täglich woanders platziert werden kann.

In der Briefeübersicht (S. 20-24) sind alle Wichtelbriefe aufgelistet und kurz beschrieben. Hier erfahrt ihr außerdem, welche Vorbereitungen am Abend vorher getroffen werden sollten und welche Utensilien und ausgedruckte Zusatzmaterialien dafür benötigt werden. Lest am besten vorab die Briefeübersicht durch und plant den Advent ein wenig vor. Nutzt dafür den Briefeplaner (S. 18-19) als Übersicht. Hier könnt ihr die Buchstaben der jeweiligen Briefe eintragen und euch auch kleine Notizen zu notwendigen Materialien machen. An dieser Stelle könnt ihr euch auch überlegen, ob ihr dem Wichtel einen Namen geben wollt.

Hier sind ein paar Ideen: Nisse, Wim, Jeppe, Tomte, Jonte, Emil, Lumpi ... Natürlich können sich auch die Kinder einen Wichtelnamen ausdenken.

2. Material besorgen

→ Benötigte Utensilien: Materialliste | Nach der Planungsarbeit könnt ihr mit der beigefügten Materialliste losziehen und alle Utensilien besorgen, die zusätzlich benötigt werden. Wenn ihr das Material nicht schon zu Hause habt, könnt ihr vieles auch in der Natur sammeln oder natürlich im Supermarkt finden. Die Wicheltür und die Wichtelmütze sollten auf jeden Fall vorher schon fertig gebastelt bzw. genäht sein!

3. Wichtelgeschichte (30.11.)

→ Benötigte Utensilien: Wichtelgeschichte (S. 26), Kerze
Die magische Wichtelzeit beginnt offiziell mit dem „Rufen" des Wichtels mittels Wichtellicht und -spruch am 30. November. Die Geschichte findet ihr in Teil 2, der für die Kleinen bestimmt ist. Als ersten Schritt ruft ihr dann, wie in der Geschichte beschrieben, den Wichtel zu euch und zündet eine Kerze an.

4. Der erste Brief (01. 12.)

→ Benötigte Utensilien: Wichteltür, Wichtelmütze, Wichtelbrief „A wie Anfang und Adventskranz", Ausdruck Ausmal-Adventskalender Wenn die Kleinen schlafen, wird die Wichteltür, nachdem der Wichtel gerufen wurde, von den Großen an einem passenden Ort zu Hause aufgestellt oder angeklebt. Daneben wird die Mütze drapiert. Sollten ausgedruckte Briefe verwendet werden, wird der erste aufgerollte Wichtelbrief (siehe Anleitung S. 16) in die Briefschlaufe gesteckt. Falls ihr die Briefe aus diesem Buch vorlesen wollt, entfällt dieser Schritt natürlich. Das für diesen Brief notwendige Zusatzmaterial „Ausmal-Adventskalender" solltet ihr ausgedruckt vor die Wichteltür legen. Am Morgen des 1. Dezembers können die Kinder dann Tür, Mütze, Ausmal-Adventskalender und eventuell den gedruckten Brief entdecken.

5. Wichtelbriefe A-Z

→ Benötigte Utensilien: Wichteltür, Wichtelbriefe wie im Briefeplaner eingeplant, ausgedruckte Zusatzmaterialien, diverse Materialien, Wichtelmütze → *Tipp*: Die Wichtelmütze könnt ihr hin und wieder bei euch zu Hause an verschiedenen Orten verstecken. Das macht den Wichtel für die Kinder noch lebendiger und sie freuen sich sicher, wenn sie ihm auch mal helfen können, indem sie ihm seine Mütze wieder vor die Wichteltür legen.

→ Notfallbriefe, mit * gekennzeichnet

E wie Erkältung und *H wie Heimweh*: Diese Notfallbriefe überbrücken einen längeren Zeitraum. Sie sind zum Beispiel für folgende Fälle gedacht: *Zu wenig Zeit für aufwendigere Vorbereitungen / Krankheitsfall / Kinder übernachten woanders.* Bei diesen Briefen könnt ihr die Zeitspanne einfach so verlängern, bis ihr oder die Kinder wieder mehr Zeit habt, wieder gesund seid oder die Kinder wieder zu Hause sind.

6. Der letzte Brief (24.12.)

→ Benötigte Utensilien: Wichteltür, Wichtelbrief „Z wie Zum Schluss", Spiegel | Am 24.12. zieht der Wichtel wieder aus. Er nimmt seine Tür mit und schenkt euch den größten Schatz der Welt. Zum Abschied gibt es natürlich auch noch mal einen lustigen Wichtelstreich.

WICHTIG! In einigen Briefen wird über den Weihnachtsmann und das Christkind geschrieben. Wenn in eurer Familie eine der beiden Figuren bevorzugt wird, lasst den jeweils anderen Begriff beim Vorlesen weg. Mit dem Brief „N wie Nikolaus" verfahrt ihr ähnlich. Sollte der Nikolaus bei euch überhaupt kein Thema sein, lasst ihr diesen Brief weg und ersetzt ihn durch einen anderen. Ansonsten plant den Nikolausbrief an dem Tag ein, an dem der Nikolaus bei euch üblicherweise kommt, also am Nikolausabend, dem 5. Dezember, oder am Nikolaustag, dem 6. Dezember.

MATERIALLISTE

Hier findet ihr eine Auflistung aller Materialien, die zum Basteln der Wichteltür, zum Nähen der Wichtelmütze und zum Umsetzen der Wichtelstreiche aus dem Zusatzmaterial benötigt werden. Vielleicht habt ihr davon auch schon einiges zu Hause oder ihr könnt es durch ähnliche Materialien ersetzen.

Wichteltür und Wichtelmütze vorbereiten

- ☐ Drucker
- ☐ Pappe, z.B. von Verpackungskartons
- ☐ Malstifte/Kreidestifte
- ☐ Schere/Bastelmesser
- ☐ Kleber/Klebeband
- ☐ Stoffreste, ausgediente Kleidung (vorzugsweise in Rot)
- ☐ Nähzubehör
- ☐ Optional: Draht

Wichtelgeschichte, Wichtelbriefe und -streiche vorbereiten

- ☐ Kerze
- ☐ Adventskranz mit Kerzen
- ☐ Malstifte
- ☐ Papier
- ☐ Schere
- ☐ Spiegel
- ☐ Christbaumschmuck
- ☐ Klebeband, z.B. Maskingtape
- ☐ Taschentücher
- ☐ Spielzeug und Kuscheltiere
- ☐ Naschereien
- ☐ Backzutaten *(P wie Plätzchen)* und Ausstechförmchen
- ☐ Körner/Kerne/Nüsse
- ☐ (brauner) Zucker
- ☐ Lebensmittelfarbe
- ☐ Straßenkreide (Stöcke oder Steine gehen auch)
- ☐ Toilettenpapierrollen
- ☐ Geschenkpapier

Wichteldekoration basteln

- ☐ Schaschlikspieß/Strohhalm
- ☐ Garn/Kordel
- ☐ Optional: Mini-Lichterkette
- ☐ Optional: Zuckerstange

WICHTELTÜR BASTELANLEITUNG

Die Wichteltür bekommt ihren charmanten Charakter besonders dadurch, dass sie nicht „perfekt" ist. Im Gegenteil, alles darf ruhig etwas krumm und individuell gestaltet werden.

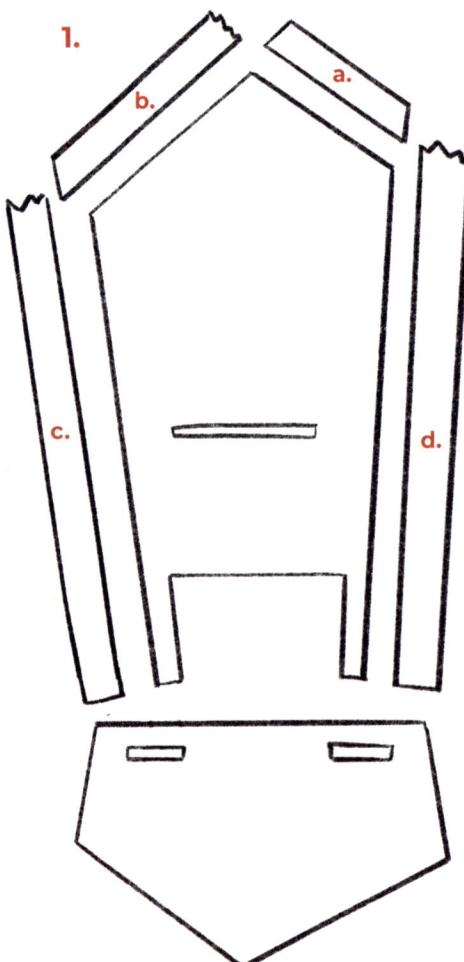

1. Nutzt die Druckvorlage als Grundlage und schneidet alle Teile aus. Diese Teile dienen als Schablone für den Karton. Nun werden die Teile auf der Pappe nachgezeichnet und im Anschluss ebenfalls ausgeschnitten. Mit Hilfe eines Bastelmessers und Lineals bekommt ihr, falls gewünscht, gerade Schnittkanten. Schneidet den Türschlitz für die Schlaufe und die beiden Schlitze im Boden ebenfalls aus.

Tipp: Der Türschlitz mitsamt Schlaufe kann auch weggelassen werden, falls ihr die Briefe nicht ausdrucken wollt, um Papier zu sparen.

2. Als Nächstes werden die Leisten des Türrahmens in der Buchstabenreihenfolge auf die Tür geklebt. Bei Leiste **c.** und **d.** im unteren Bereich den Kleber weglassen, da diese Laschen später

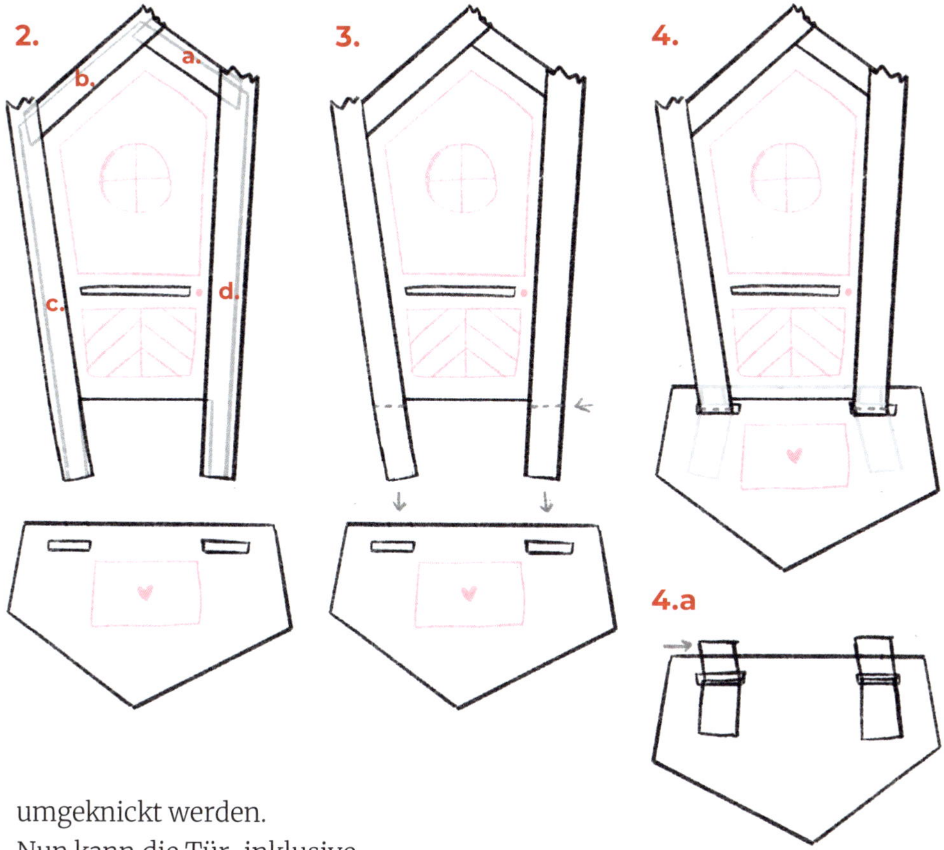

umgeknickt werden.
Nun kann die Tür, inklusive Standfuß, individuell gestaltet werden. Malt mit (bunten) Stiften Fenster, Verzierungen und/oder eine Türmatte auf. Ihr könnt auch den Namen des Wichtels draufschreiben oder die Tür mit Glitzer, Naturmaterialen usw. verschönern.

3. Die Laschen der Tür nun in die Schlitze des Standfußes stecken.

4. Die zwei doppelt liegenden Laschen, die unten aus dem Standfuß ragen, jeweils einmal nach vorne und einmal nach hinten knicken und an den Standfuß kleben. Wie der Standfuß von unten aussieht, kann man bei Punkt **4.a** sehen. Das Stück, das noch über die Kante des Standfußes hinausragt, kann abgeschnitten werden.

TÜRSCHLAUFE + BRIEFE *(nur bei ausgedruckten Briefen notwendig)*

1. Für die Schlaufe einfach ein ca. 10 cm langes Stück Stoff oder Papier in der Breite des Schlitzes ausschneiden und übereinander geklappt durch den Schlitz stecken, sodass eine Schlaufe entsteht. Die Schlaufe sollte ungefähr so groß sein, dass man seinen kleinen Finger hineinschieben kann. Somit ist genug Platz für einen gerollten Wichtelbrief. Befestigt die Enden der Schlaufe auf der Rückseite der Tür mit Kleber oder Klebeband.

2. Verwendet ihr die Wichtelbriefe in gedruckter Form, könnt ihr diese auch jetzt schon vorbereiten: Hierzu die ausgedruckten Briefe ausschneiden, an der langen Seite 1 x falten und mit Hilfe eines Stifts an der kurzen Seite aufrollen. (Die Briefe als PDF findet ihr unter dem QR-Code.) Dann evtl. mit Klebeband/Maskingtape fixieren und die Rolle mit dem jeweiligen Brief-Buchstaben beschriften.

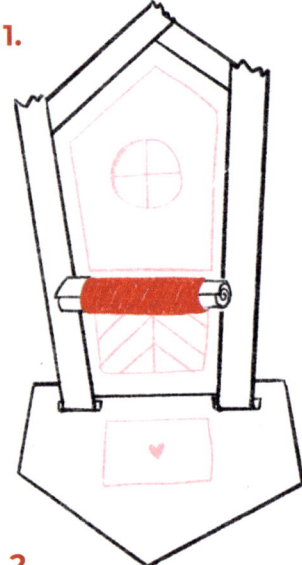

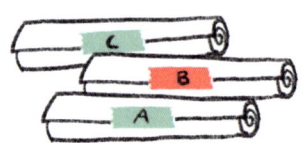

WICHTELMÜTZE NÄHANLEITUNG

1. Nutzt die Druckvorlage als Schnittmuster für die Mütze. Es kann derselbe Stoff genutzt werden wie bei der Türschlaufe.

Schneidet die Vorlage 2 x aus Stoff aus, wobei die beiden Stofflagen rechts auf rechts liegen. Den ausgeschnittenen Stoff entlang der beiden langen Seiten zusammennähen.

2. Nun wird die Mütze umgestülpt, um die Schnittkante zu verbergen.

3. Im dritten Schritt werden die unteren 2–3 Zentimeter der Mütze wieder nach innen gestülpt. Dies dient dazu, dass bei der Krempe nachher außen die saubere Naht zu sehen ist. Dann die Mützenöffnung noch einmal ca. einen halben Zentimeter nach außen stülpen, sodass eine Krempe entsteht (**3a.**).

4. Wenn ihr in das Innere der Mütze einen Draht einarbeitet, erhält die Mütze mehr Stabilität. Zudem kann sie dadurch etwas in Form gebracht werden. Für einen guten Stand könnt ihr alternativ auch Watte einfüllen.

BRIEFEPLANER

QR-Code zum Briefeplaner

Ende November

Planung
Einkauf
Tür & Mütze basteln

01.12.	02.12.	03.12.
Tür aufstellen, Brief „Anfang und Adventskranz"		
07.12.	08.12.	09.12.
13.12.	14.12.	15.12.
19.12.	20.12.	21.12.

		30. November Wichtel rufen mit Wichtelgeschichte und Kerze
4.12.	05.12.	06.12. Brief „*N wie Nikolaus*" (bzw. Nikolausvorabend am 05.12.)
0.12.	11.12.	12.12.
6.12.	17.12.	18.12.
2.12.	23.12.	24.12. Brief „*Z wie Zum Schluss*" Wichtelgeschichte Auszug

WICHTELBRIEFE ÜBERSICHT

Alle Briefe (außer **A**, **N** & **Z**) sind frei einteilbar. Sucht euch die für eure Familie passenden Briefe aus. Wenn der Wichtel jeden Tag einen Brief schreibt, bleiben am Ende zwei Briefe übrig. Somit habt ihr eine kleine Auswahl verschiedener Themen. Es müssen nicht zwingend alle Briefe verwendet werden. Die mit dem Sternchen * gekennzeichneten Briefe sind auch für „Notfälle" geeignet. Sie können einen längeren Zeitraum überbrücken, in dem der Wichtel eine Pause macht.

Hier findet ihr alle Briefe als kurze Zusammenfassung aufgelistet. Zudem wird beschrieben, welche Vorbereitungen nötig sind und welche Materialien sowie ausgedruckte Zusatzmaterialien für den jeweiligen Brief gebraucht werden.

Verwendet ihr die Wichtelbriefe in gedruckter Form, gehört es zu jeder Vorbereitung, den Wichtelbrief in die Schlaufe zu schieben!

(QR-Code zu allen Wichtelbriefen)

A wie Anfang und Adventskranz Der Wichtel stellt sich vor und treibt den ersten Schabernack! Er hat eine Kerze vom Adventskranz versteckt. *Material: Brief, Kerze vom Adventskranz, ausgedrucktes Zusatzmaterial „Ausmal-Adventskalender"* *Vorbereiten:* Den Ausmal-Adventskalender hinlegen und eine Kerze verstecken (z.B. im Kühlschrank, in der Spielzeugkiste oder der Brotdose).

B wie Baum schmücken Der Wichtel war sehr an eurem Baumschmuck interessiert. Er hat darin gestöbert und nicht alles wieder weggeräumt. Er schlägt vor, zudem etwas Dekoration für ihn zu basteln und diese im Baum aufzuhängen. Nutzt diesen Brief am besten an dem Tag, an dem ihr euren Baum schmückt. *Material: Brief, Christbaumschmuck, evtl. Bastelmaterial für ausgedrucktes Zusatzmaterial mit Vorlage „Wimpelkette" und „Schaukel".* *Vorbereiten:* Etwas Christbaumschmuck vor der Wichteltür oder im ganzen Raum verteilen.

C wie Chic Der Wichtel hat Flecken in der Kleidung und bittet euch, ihm neue zu entwerfen. Wenn ihr möchtet, könnt ihr auch seine Tür farblich umgestalten. *Material:* Brief, Malstifte, Schere, ausgedrucktes Zusatzmaterial „Wichtelkleidung" *Vorbereiten:* Eine leere Süßigkeitenverpackung vor die Wichteltür legen. *Nachbereiten:* Am darauffolgenden Morgen sollten die Kleidungsstücke verschwunden sein.

D wie Du bist wertvoll Der Wichtel benötigt eure Hilfe, um anderen ein Lächeln ins Gesicht zu zaubern. *Material:* Brief, Malstifte, Schere, evtl. Klebeband o.Ä., ausgedrucktes Zusatzmaterial „wertvolle Herzen" *Vorbereiten:* Einige Stifte vor die Wichteltür legen.

*E wie Erkältung Der Wichtel ist krank und benötigt Unterstützung, um wieder gesund zu werden. *Material:* Brief, Taschentücher *Vorbereiten:* Zerknüllte Taschentuchstückchen vor der Wichteltür verteilen.

F wie Familientag Der Wichtel schlägt euch einen Tag mit ganz viel Zeit für die Familie vor. *Material:* Brief *Vorbereiten:* Eventuell vorhandene Eintrittskarten oder einen kleinen Hinweis auf ein Ausflugsziel vor die Tür legen. Der Wichtel könnte es sich während eurer Abwesenheit vor dem Fernseher gemütlich gemacht haben – dafür einfach vorab seine Wichtelmütze, die Fernbedienung und eine angeknabberte Näscherei dort drapieren.

G wie Geschenke Der Wichtel fordert euch auf, eure Wunschzettel zu schreiben – mit dem Tipp, sich auch mal Zeit statt Zeug zu wünschen. *Material:* Brief, Malstifte, Bastelutensilien, ausgedrucktes Zusatzmaterial „Wunschzettelvorlage" *Vorbereiten:* Wunschzettelvorlage sowie Mal- und Bastelutensilien zum Gestalten der Wunschzettel vor die Wichteltür legen.

*H wie Heimweh Der Wichtel hat Heimweh und verabschiedet sich für eine kurze Zeit von euch, um wieder Kraft zu tanken. Um nicht erneut Heimweh zu bekommen, bittet er um gebastelte Tannenbäume. *Material:* Brief, beliebiges Kuscheltier der Kinder, ausgedrucktes Zusatzmaterial „Tannenbäume" *Vorbereiten:* Ein Kuscheltier vor die Wichteltür legen.

I **wie Ich bin ...** Der Wichtel berichtet von seinen Gefühlen und gibt einen Zauber mit auf den Weg. Er bittet um eine kleine Nascherei. *Material:* Brief, Nascherei *Vorbereiten:* Die Nascherei vor die Tür legen. *Nachbereiten:* Die Nascherei sollte am nächsten Morgen wieder verschwunden oder angebissen sein.

J **wie Jahresende und -anfang** Der Wichtel fordert euch auf, das schönste Erlebnis des Jahres zu reflektieren und ein Bild davon für ihn zu malen. *Material:* Brief, Malstifte, Papier *Vorbereiten:* Stifte und Papier vor die Wicheltür legen. *Nachbereiten (optional):* Das Bild kann am darauffolgenden Morgen, mit dem Kopierer geschrumpft auf Wichtelgröße, wieder vor der Tür liegen oder der Wichtel hat es irgendwo im Haus aufgehängt.

K **wie Kämmen** Der Wichtel hat ein Bad genommen und nun ist sein Bart ganz zerzaust. Er bittet euch, ihm einen Kamm oder ähnliches vor die Tür zu legen. *Material:* Brief, Kamm oder Bürste *Vorbereiten:* Das Waschbecken mit Wasser volllaufen lassen und/oder etwas Unordnung im Bad schaffen.

L **wie Langeweile** Dem Wichtel war langweilig und er hat einigen Spielzeugen eine Geschichten erzählt. *Material:* Brief, Spielzeugfiguren oder Kuscheltiere *Vorbereiten:* Ein paar Spielzeugfiguren oder Kuscheltiere vor die Wicheltür legen, sodass es aussieht, als würden sie schlafen.

M **wie Mütze** Der Wichtel hat seine Mütze verloren und bittet euch, sie zu suchen. *Material:* Brief, Wichtelmütze *Vorbereiten:* Die Wichtelmütze irgendwo verstecken.

N **wie Nikolaus** (je nachdem, wann bei euch der Nikolaus kommt am **05.12. oder 06.12.**) Der Wichtel möchte einen Nikolaus-Ohrwurm verbreiten und benötigt dazu eure Hilfe. *Material:* Brief, ausgedrucktes Zusatzmaterial „Nikolauslied" *Vorbereiten:* Den Liedtext hinlegen.

O **wie Ordnung** Der Wichtel möchte sein Kämmerlein sauber machen und benötigt dafür einen Besen. *Material:* Brief, ausgedrucktes Zusatzmaterial „Aufräum-Gutschein", Krümel, Bastelmaterial für einen Mini-Besen, ausgedrucktes Zusatzmaterial „Der Besen" *Vorbereiten:* Ein paar Krümel vor der Wichteltür verteilen und den Aufräumgutschein hinlegen. *Nachbereiten:* Am nächsten Morgen ist es vor der Wichteltür wieder blitzeblank sauber. Am Tag, an dem die Kinder den Aufräum-Gutschein einlösen, etwas aufräumen, während sie schlafen.

P **wie Plätzchen backen** Der Wichtel bittet euch, zusammen Plätzchen zu backen und ihm eins zum Probieren übrig zu lassen. *Material:* Brief, ausgedrucktes Zusatzmaterial „Rezept für Ausstecherle", Backzutaten *Vorbereiten:* Das Rezept und ein paar Backzutaten, z.B. einen Plätzchenausstecher oder etwas Mehl, vor die Wichteltür legen. *Nachbereiten:* Das Plätzchen, das die Kinder dem Wichtel vor die Tür gelegt haben, sollte am nächsten Morgen natürlich verputzt sein. Wenn ihr möchtet, könnt ihr ein paar Krümel hinterlassen.

Q **wie Quatsch-mach-Tag** Der Wichtel schreibt von einer lustigen Wichteltradition und möchte euch dazu anregen, an diesem Tag auch ein bisschen Quatsch zu machen. *Material:* Brief *Vorbereiten:* Alle Stühle am Esstisch verkehrtherum hinstellen.

R **wie Rätsel** Der Wichtel hat für euch ein Bild gemalt und ein Rätsel daraus gemacht. *Material:* Brief, Stift, ausgedrucktes Zusatzmaterial „Rätsel" *Vorbereiten:* Das Rätsel und einen Stift vor die Wichteltür legen.

S **wie Samen (und zwar zauberhafte)** Der Wichtel bittet euch, ihm beim Einpflanzen von Zaubersamen zu helfen. *Material:* Brief, Schale gefüllt mit (braunem) Zucker, Schale mit ein paar Körnern/Kernen als Samen, kleine Nascherei *Vorbereiten:* Die Utensilien (bis auf die Nascherei) vor die Wichteltür stellen. *Nachbereiten:* Die Nascherei für den nächsten Tag auf die „eingepflanzten" Samen legen.

T **wie Traum** Der Wichtel erklärt, dass Wichtel auch über die Träume und den Schlaf der Kinder wachen. *Material:* Brief

U **wie Umwelt und Natur** Der Wichtel bittet euch, Naturmaterialien zu sammeln und ihm etwas davon vor die Wichteltür zu legen. Ihr sollt außerdem einem Vögelchen ein kleines Dankeschön hinlegen. *Material:* Brief, Vogelfutter oder für Vögel geeignete Körner/Kerne/Nüsse *Vorbereiten:* Das „Vogelfutter" vor die Wichteltür legen. *Nachbereiten:* Die gesammelten Naturmaterialien anders vor der Wichteltür drapieren (z.B. als Gesicht), so als hätte der Wichtel sie sich in der Nacht angesehen.

V **wie Verzaubert** Der Wichtel erklärt, wie anstrengend Wichtelzauberei ist. Zu müde für einen Essbarkeitszauber, sucht er selbst in der Küche nach Essen und hinterlässt Unordnung. *Material:* Brief *Vorbereiten:* Einige Türen und Schubladen in der Küche offenstehen lassen.

W **wie Wut** Dem Wichtel ist ein Zauber nicht geglückt und das hat ihn wütend gemacht. Er erklärt, was er gegen seine Wut unternommen hat. *Material:* Brief, Lebensmittelfarbe, morgendliches Getränk der Kinder (bester Effekt bei Milch!) *Vorbereiten:* Ein Getränk mit der Farbe einfärben.

X **wie X auf einer Schatzkarte** Der Wichtel bittet euch, draußen ein Kreuz zu erstellen, damit er das Haus aus der Luft besser wiederfinden kann. *Material:* Brief, Straßenkreide oder Stöcke/Steine *Vorbereiten:* Wenn ihr möchtet, etwas Kreide, ein paar Stöcke oder Steine vor die Wichteltür legen.

Y **wie Yoga und Meditation** Der Wichtel erklärt, dass ihm in stressigen Zeiten Yoga und Meditation helfen. Für euch hat er als kleine Auszeit eine Entspannungsreise geschrieben. *Material:* Brief, ausgedrucktes Zusatzmaterial „Entspannungsreise" *Vorbereiten:* Den Ausdruck der Entspannungsreise vor die Wichteltür legen.

Z **wie Zum Schluss** Der Wichtel verabschiedet sich wehmütig von euch und schenkt euch den größten Schatz der Welt und hat auch schon mal das Geschenkeverpacken geübt. *Material:* Brief, Spiegel, Geschenkpapier, Toilettenpapierrollen, kleine Nascherei *Vorbereiten:* Nascherei in den Hohlraum der Toilettenpapierrolle stecken und das Ganze mit Geschenkpapier einpacken. Diese „Geschenke" in der Nähe des Spiegels verstecken, in dem die Kinder den größten Schatz der Welt entdecken oder unter den Weihnachtsbaum legen.

Teil 2

Für Klein und Groß

Die Wichtelgeschichte

Hoch oben im Norden, in einem verwunschenen Winterwald, stand ein knorriger alter Baum. Er fiel nicht weiter auf zwischen all den anderen Bäumen im Wald und doch war er etwas ganz Besonderes. Denn dieser Baum war das Zuhause eines kleinen Wichtels. In der Nacht erhellte nur das Leuchten aus einem winzigen Fenster die Dunkelheit um diesen Baum … Könntet ihr einen Blick ins Fenster erhaschen, dann würdet ihr einen kleinen Wichtel in seinem Kämmerlein aufgeregt auf und ab laufen sehen. Zum großen Glück der kleinen Wichtel-Bewohner dieses Waldes verirrte sich aber nur äußerst selten ein Mensch hier her. Und damit es bei dieser Geschichte nicht zu Missverständnissen kommt: Mit „klein" ist nicht etwa das Alter der Wichtelinnen und Wichtel gemeint. Oh nein! Die meisten Wichtel in diesem Wald waren schon sehr, sehr alt. So auch der Bewohner unserer kleinen Baumhöhle, der bereits 256 Winter alt war – was in Wichteljahren aber immer noch sehr jung ist. Mit „klein" ist die ausgesprochen winzige Körpergröße der Wichtel gemeint.

Doch zurück zu unserem Wichtel – der Grund, warum dieser so aufgeregt auf und ab lief, war die bevorstehende Weihnachtszeit. Entgegen allen Ratschlägen seiner Wichtelverwandten, die seit Generationen auf großen und kleinen Schiffen als angesehene Klabautermänner und -frauen so allerlei Unfug anrichteten, war er seinem Herzenswunsch gefolgt.

Unser kleiner Wichtel war nämlich frisch ausgebildeter *„Weihnachtswichtel, Fachrichtung Adventskalender mit zusätzlicher Qualifikation zum Treiben von Schabernack"*.

Er hatte in diesem Jahr endlich seine Prüfung gemacht und freute sich sooo darüber! Immerhin hatte er dafür auch 127 Winter lang die Schulbank gedrückt. Aber jetzt würde es wirklich losgehen! Er spürte ein angenehmes Kribbeln im Bauch. Endlich durfte er von nun an jedes Jahr eine Familie durch die Vorweihnachtszeit begleiten, den Kindern ein Lächeln ins Gesicht zaubern und ihnen den wichtigen Weihnachtszauber nach Hause bringen. Nervös strich der kleine Wichtel seinen langen weißen Bart glatt, rückte seine rote Zipfelmütze zurecht und ging noch einmal die wichtigsten Weihnachtswichtelregeln durch:

1. **Sichtbarkeit** – Ein Wichtel darf NIEMALS von einem Menschen gesehen werden. Ansonsten verliert er sofort seine wichteligen Zauberkräfte. Gewerkelt wird daher hauptsächlich nachts, wenn die meisten Menschen schlafen. Zudem darf ein Wichtel allerlei Wichtelzauberei nutzen, um unentdeckt zu bleiben. Am Tag ist für den Wichtel Zeit, um sich zu erholen und tief und fest zu schlafen.

2. **Einzug** – Für die Unterbringung während der Vorweihnachtszeit hat der Weihnachtswichtel weitestgehend selbst zu sorgen. Er bringt seine eigens dafür gebaute Wichteltür mit. Diese Tür muss mit einem Zauber belegt werden, sodass sie nur von Wichteln geöffnet werden kann.

3. **Kommunikation** – Die Kommunikation zwischen Wichtel und Familie erfolgt ausschließlich über Wichtelbriefe. Zu den Briefen gehören kleine Aufgaben, Rätsel oder Liedtexte, die die Familie in die richtige Weihnachtsstimmung bringen sollen.

4. **Auszug** – Am 24. Dezember, dem Heiligabend, muss der Weihnachtswichtel wieder ausziehen, um dem Christkind und/oder dem Weihnachtsmann dabei zu helfen, die Geschenke zu verteilen.

5. **Zusatzqualifikation** – Weihnachtswichteln mit Zusatzqualifikation ist es gestattet, nach getaner Arbeit der Gastfamilie kleine Streiche zu spielen oder Schabernack zu treiben.

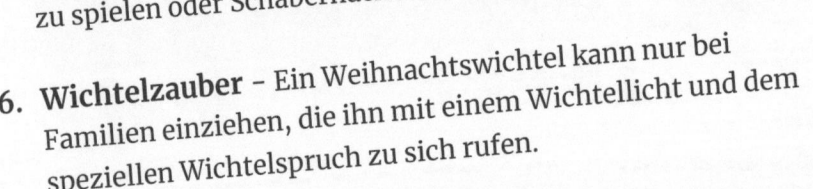

6. **Wichtelzauber** – Ein Weihnachtswichtel kann nur bei Familien einziehen, die ihn mit einem Wichtellicht und dem speziellen Wichtelspruch zu sich rufen.

So weit so gut. Diese Regeln hatte der Wichtel schon tausendmal zuvor gelesen und konnte sie sogar im Schlaf aufsagen. Die Regel mit dem Schabernack gefiel ihm am allerbesten! Ein Grinsen breitete sich auf seinem Gesicht aus und voller Vorfreude machte er einen kleinen Hüpfer.

Jetzt konnte er allerdings nichts weiter tun als warten, und zwar darauf, dass eine liebe Familie ihm das Zeichen gab, dass er bei ihnen einziehen durfte. Doch wie funktioniert das eigentlich, fragt ihr euch jetzt vielleicht? Ganz einfach! Wenn eine Familie den Wichtel zu sich rufen will, dann muss sie in der Vorweihnachtszeit am Abend eine Kerze ins Fenster stellen und folgenden Spruch aufsagen:

„Lieber Wichtel, *komm herbei* und verschönere unsere Weihnachtszeit mit deiner *Wichtelzauberei!*"

Dem kleinen Wichtel wurde von erfahrenen Weihnachtswichteln schon oft erzählt, wie schön es sei, wenn man endlich von einer Familie gerufen wurde. Man spüre sofort, dass man gebraucht werde, und das Herz würde einem den richtigen Weg weisen. Er hatte sich schon als kleiner Wichteljunge immer vorgestellt, wie er sofort seine Siebensachen zusammenpacken und sich die selbstgebaute Wichteltür unter den Arm klemmen würde, um sich noch in derselben Nacht aus dem Wichtelwunderwald auf den Weg zu der Familie zu machen, die ihn gerufen hatte. Immer noch aufgeregt, aber voller kribbelnder Vorfreude setzte sich der Wichtel an seinen kleinen Tisch und wartete geduldig im Kerzenschein auf das Zeichen einer lieben Familie.

Also liebe Kinder,

jetzt liegt es an euch. Ich würde mich riesig freuen, wenn ich bei euch einziehen darf, um meinen Weihnachtszauber verbreiten zu können. Es ist wirklich ganz einfach! Damit es klappt, müsst ihr nur zuerst ein bisschen für mich zaubern: Schnappt euch einen Erwachsenen, stellt eine Kerze ins Fenster und sagt gemeinsam den Wichtel-komm-herbei-Zauberspruch!

Ich freue mich auf euch!

Euer Weihnachtswichtel

 wie Anfang und Adventskranz

Liebe Familie,

ich freue mich riesig, dass ihr mich mit dem Wichtellicht gerufen habt und ich letzte Nacht bei euch einziehen durfte! Ich werde mir viel Mühe geben, diese Vorweihnachtszeit mit ganz viel Weihnachtszauber und ein bisschen Schabernack zu füllen. Wenn alles gut klappt, dann erhaltet ihr jeden Tag einen Brief von mir mit kleinen Aufgaben, Rätseln und viel Wichtelzauberei. Hurra, das wird großartig! Meine erste Überraschung für euch ist ein Ausmal-Adventskalender. Wenn ihr täglich ein Sternchen ausmalt, dann wisst ihr genau, wie viele Tage es noch bis Weihnachten sind. Ich hoffe, das verkürzt euch die Zeit bis zum Heiligabend und steigert die Vorfreude auf das große Fest!

Wir Wichtel lieben übrigens alles, was leuchtet und glitzert, besonders in der Weihnachtszeit! Überall brennen Kerzen, die Häuser und Straßen sind festlich beleuchtet und neben dem Adventskalender zeigt auch der Adventskranz, wie lange es noch bis Weihnachten dauert. Ich freue mich schon darauf, mich nachts neben euren Adventskranz zu setzen und den warmen Kerzenschein zu genießen. Letzte Nacht hatte ich aber viel mehr Lust auf einen ausgewachsenen Wichtelstreich! Mit eurem Adventskranz habe ich mir einen kleinen Schabernack erlaubt. Ich habe mir eine Kerze gemopst und sie bei euch zu Hause irgendwo versteckt. Viel Spaß beim Suchen!

Heute Nacht sehe ich dann, ob ihr die Kerze wiedergefunden habt! Euch bis dahin eine wichtelige Zeit!

Euer Weihnachtswichtel

B wie Baum schmücken

Liebe Familie,

heute habe ich eine herrlich weihnachtliche Aufgabe für euch: Es ist Zeit, den Weihnachtsbaum zu schmücken! Damit wird eure Vorfreude auf das Fest bestimmt nochmal steigen, denn ein geschmückter Tannenbaum bringt ganz viel Weihnachtszauber in euer Zuhause. Der Tannenbaum ist das ganze Jahr über grün, er ist ein Symbol des Lebens und der Hoffnung. Deshalb wird er zum Fest in die Häuser geholt und schön geschmückt, um Glück für das kommende Jahr zu bringen. Auch wir Wichtel im Wichtelwunderwald schmücken vor Weihnachten unsere Bäume. Besonders gerne mögen wir goldene Nüsse, rote getrocknete Beeren und bunte Wimpelketten am Weihnachtsbaum – das sieht sooo wichtelig aus! Um den schönen Christbaumschmuck auch ganz aus der Nähe betrachten zu können, hängen wir uns manchmal sogar eine Schaukel in den Baum.
So können wir langsam hin und her baumelnd immer wieder Neues entdecken und die vielen Lichter tanzen um uns herum. Euren Weihnachtsbaumschmuck finde ich auch ganz besonders schön. Es gibt so viele Formen, die in den tollsten Farben leuchten, und überall glänzt und glitzert es. Neugierig wie ich bin, habe ich euren Weihnachtsbaumschmuck schon mal etwas unter die Lupe genommen und mir die Sachen angeschaut. Vielleicht habe ich nicht alles an Ort und Stelle wieder zurückgelegt, aber ihr braucht es ja sowieso heute. Habt ganz viel Spaß beim gemeinsamen Schmücken eures wichtelwunderschönen Weihnachtsbaumes!

PS: Wenn ihr Lust habt, dann bastelt mir doch eine kleine Schaukel und eine Wimpelkette für euren Weihnachtsbaum – sozusagen als wichtelige Dekoration. Das würde mir große Freude bereiten! Euch bis dahin eine wichtelige Zeit!

Euer Weihnachtswichtel

C wie Chic

Liebe Familie,

oh Schreck, ein Fleck ... oder zwei ... oder drei? Oh nein!
Ich habe meine Kleidung total mit Schokolade vollgekleckert.
Überall sind braune Flecken! Und das so kurz vor Weihnachten!
Dabei mache ich mich doch für die Feiertage so gerne wichtelig chic.

Wisst ihr schon, was ihr an Weihnachten anziehen werdet? Ich finde, an so feierlichen Tagen darf es schon mal etwas gaaaanz Besonderes sein, in dem ihr euch einfach nur fabelhaft fühlt! Egal welche Farben oder Kleidungsstücke ihr schön findet, wenn ihr euch darin wohlfühlt, dann ist es das allerschönste Outfit überhaupt.

Aber herrje, jetzt stehe ich hier mit meiner bekleckerten Wichtelkluft und habe gar keine Zeit, sie zu waschen. Ich brauche Hilfe, und zwar eure und die meiner eigenen Wichtelzauberkraft. Vor meiner Wichteltür liegt ein Zettel, auf dem habe ich euch eine Hose, ein Oberteil und eine Wichtelmütze in meiner Größe aufgemalt. Es wäre super, wenn ihr mir diese Vorlagen ausmalt (am besten richtig schön bunt!) und ausschneidet. Dabei helfen euch bestimmt die Großen. Legt mir die fertigen Teile wieder vor die Tür, dann zaubere ich mir aus diesen Vorlagen mit einem Wichtelzauber eine neue Wichtelkluft. Mit der werde ich dann in der nächsten Zeit nachts bei euch im Haus umherstreifen! Und wenn ihr schon mal die bunten Stifte in der Hand habt: Meine Tür dürft ihr auch gerne farblich umgestalten. Ich freue mich schon darauf zu sehen, welche Farben ihr für mich aussucht!

Euch bis dahin eine wichtelige Zeit!

Euer Weihnachtswichtel

D wie Du bist wertvoll!

Liebe Familie,

heute dürft ihr mir bei einem tollen Wichtelzauber helfen! Ich möchte mit eurer Hilfe anderen Menschen ein Lächeln ins Gesicht zaubern. Es geht darum, ihnen eine Freude zu machen und ein Gefühl von wohliger Herzenswärme zu schenken. Es ist ein wirklich schöner Wichtelzauber!

Unter diesem Brief findet ihr zwei Herzen, auf denen steht: „Du bist wertvoll!" Eins der Herzen ist für euch. Schneidet es aus, malt es gerne bunt an und befestigt es an einem Ort in eurem Zuhause, wo ihr es jeden Tag sehen könnt. Es soll euch immer daran erinnern, wie wertvoll ihr seid. Malt und schneidet auch das andere Herz aus. Dieses Herz schenkt ihr dann einem Menschen, den ihr gaaaanz besonders lieb habt.

Wenn der Zauber wirkt, wird die oder der Beschenkte sich über das Herz freuen und es wird sich ein zauberhaftes Lächeln in ihrem Gesicht ausbreiten. Probiert es einfach mal aus! Falls ihr mehreren Leuten ein Lächeln ins Gesicht zaubern möchtet, bastelt doch einfach selbst noch mehr Herzen mit dem Zauberspruch darauf.

So könnt ihr gaaaanz viel Liebe verteilen und bekommt dafür das schönste Geschenk zurück: ein herzliches Lächeln.

Euch bis dahin eine wichtelige Zeit!

E wie Erkältung

Liebe Familie,

hatschiii! Oje, es hat mich erwischt ... Ich habe mir leider eine wichtelige Erkältung eingefangen. Vermutlich war ich in der letzten Zeit ein paar Mal zu oft in eurem Kühlschrank, um mir etwas zum Essen zu mopsen. Hier bei euch ist aber auch alles einfach viel zu lecker! Jetzt bin ich etwas ratlos, denn ich habe nicht damit gerechnet, krank zu werden. Ich habe nichts Nützliches gegen Erkältungen hier in meinem Kämmerlein ... Im Wichtelwunderwald wachsen Kräuter und Wurzeln, die uns Wichteln dabei helfen, wieder gesund zu werden, doch ich bin zu krank, um jetzt dorthin zu reisen.

Um weiter mit euch das Weihnachtsfest vorzubereiten, möchte ich aber so schnell wie möglich wieder gesund werden! Was hilft euch denn am besten bei einer Erkältung? Hühnersuppe, Erkältungsbad oder Tee? Was auch immer es ist, ich wäre euch sehr dankbar, wenn ihr mir etwas davon vor die Tür stellen würdet. Dann könnte ich davon eine winzig-wichtelige Portion nehmen und ausprobieren, ob es mir auch dabei hilft, wieder gesund zu werden. Ein paar Taschentücher könnte ich auch gut gebrauchen. Mein Vorrat ist leider schon aufgebraucht ... Ich bin mir sicher, ihr könnt mir helfen. Ich danke euch von Herzen!

Sobald ich wieder gesund bin, werde ich euch wieder Briefe schreiben.

*Euch bis dahin eine wichtelige Zeit
und bleibt bitte gesund!*

QR-Code zu Brief E

Euer Weihnachtswichtel

F wie Familientag

Liebe Familie,

die Vorweihnachtszeit kann ganz schön anstrengend sein. Glaubt mir, ich spreche hier aus Erfahrung ... Damit ihr und eure Familie mal wieder neue Energie schöpfen könnt, schenke ich euch deswegen heute einen ganz besonderen Tag – den fabelhaften Familientag! Verbringt eine schöne Zeit miteinander, macht zum Beispiel einen Ausflug in die Natur, geht auf den Weihnachtsmarkt, ins Schwimmbad oder in den Tierpark. Ihr könnt natürlich auch einen Tag auf dem Sofa verbringen und einen schönen Film gucken oder Spiele spielen, wenn euch das lieber ist.

Vielleicht möchtet ihr auch liebe Menschen besuchen oder einen Spaziergang im Wald machen? Wie ihr merkt, habe ich 1000 Ideen, es gibt so viele Möglichkeiten! Das Wichtigste ist aber, dass ihr Zeit miteinander verbringt und eure Unternehmung genau zu eurer Familie passt! Denn dann fühlen sich alle wohl und so wirkt mein Geschenk am besten!

Wenn ihr heute Abend dann noch Lust auf ein bisschen Wichtelzauberei habt, versucht doch mal Folgendes: Setzt euch als Familie noch einmal kurz zusammen. Alle nennen dann nacheinander drei Dinge, die sie an diesem Tag besonders schön fanden. Wenn ihr darüber redet, durchlebt ihr den Tag nämlich noch einmal und ihr könnt zusätzlich den Tag durch die Augen der anderen sehen. Ist das nicht magisch? Außerdem kann ich dann (neugierig, wie ich bin) durch meine Tür lauschen, um herauszufinden, was ihr an diesem besonderen Tag so gemacht habt.

Einen wichteligen Familientag wünsche ich euch!

G wie Geschenke

Liebe Familie,

meine heutige Aufgabe für euch ist, einen schönen Wunschzettel zu gestalten! Überlegt doch mal, welche Dinge ihr euch dieses Jahr wünscht, und malt oder schreibt sie auf. Obwohl ... Ich habe mich bei euch mal umgeschaut und schon eine Menge Spielzeug und andere Sachen gesehen. So richtig fällt mir nicht ein, was euch noch fehlen könnte, denn eigentlich braucht man doch auch gar nicht viel, oder? Das muss ja alles auch immer wieder aufgeräumt werden ... Da kommt mir doch eine wichtelige Idee, die genau zu Weihnachten passt! Denn Weihnachten ist das Fest der Liebe und die ist doch viel wichtiger als Dinge, oder?

Wünscht euch daher doch dieses Jahr besondere Zeit mit euren Liebsten, zum Beispiel einen Ausflug, ein Picknick, Konzertkarten oder einen Kochkurs. Ihr selbst könnt natürlich auch Zeit verschenken. Denn das Beste daran ist, dass man sogar zweimal etwas davon hat. Zuerst freut man sich darüber an Weihnachten, wenn man es geschenkt bekommen hat, und dann noch einmal, wenn es dann endlich so weit ist – zwei Geschenke in einem sozusagen. Ich wünsche euch jetzt viel Spaß beim Gestalten eurer Wunschzettel. Vielleicht fallen euch ja nach diesem Brief noch ein paar andere Wünsche ein und der Wunschzettel fällt ein wichteliges bisschen anders aus als geplant. Aber egal, was eure Wünsche auch sind, ich freue mich über jeden Wunschzettel und werde ihn gewissenhaft an den Weihnachtsmann oder das Christkind weiterleiten, wenn ihr mir die Zettel vor meine Tür legt. Wichtel-Ehrenwort!

Euch bis dahin eine wichtelige Zeit!

 wie Heimweh

Liebe Familie,

heute bin ich traurig, denn ich habe leider großes Heimweh ... So sehr ich mich auch darauf gefreut habe, euch endlich als Weihnachtswichtel viel Freude bereiten zu können, vermisse ich doch mein Zuhause, den Wichtelwunderwald. Lange habe ich überlegt, was ich machen soll. Zuerst habe ich mit einem eurer Kuscheltiere gekuschelt, doch danach war ich leider immer noch traurig. Schweren Herzens habe ich daher beschlossen, für einige Zeit meine Freunde und Familie daheim zu besuchen, um wieder neue Kraft zu tanken. Ich verspreche euch, wieder zu euch zurückzukehren, sobald es mir besser geht. Dann kann ich euch wieder tatkräftig bei den Weihnachtsvorbereitungen unterstützen! Gerne erzähle ich euch noch kurz von meinem geliebten Zuhause. Wir Wichtel können uns dort den ganzen Tag frei bewegen und müssen nicht aufpassen, dass uns ein Mensch erblickt, denn erstens wohnen in dieser Gegend gar keine Menschen und zweitens ist der Wald mit vielen Wichtelzaubern geschützt, so wie meine Tür hier bei euch zu Hause. Ich lebe dort in einer schnuckeligen Höhle in einem alten, knorrigen Baum in der Nähe meiner Freunde und Familie. Mein Kämmerlein ist gemütlich mit einem Kamin und einem Schaukelstuhl eingerichtet. Vielleicht könnten ein paar Tannenbäume vor meiner Wichteltür mir helfen, weniger Heimweh zu haben, wenn ich wiederkomme. Sie würden mich an meine Heimat erinnern, den Wichtelwunderwald.
Doch jetzt macht's erstmal gut, aber seid nicht traurig – wir sehen uns ganz bald wieder!

Bis dahin erlebt eine zauberhafte Zeit!

 wie Ich bin ...

Liebe Familie,

jetzt, während ich euch diesen Brief schreibe, bin ich wieder richtig gut gelaunt. Doch das war heute Nacht nicht die ganze Zeit so. Ich möchte euch kurz von meinen Gefühlen erzählen. Ein anderer Wichtel hat mir mal erzählt, dass Weihnachtswichtel als Dank für ihre Hilfe von den Familien JEDEN TAG eine Schüssel warmen Milchreis mit Zimt vor die Tür gestellt bekommen. Ich hatte Zweifel, ob ich hier alles richtig und gut genug mache, denn ich würde mich auch sehr über so viel Milchreis freuen. Fast hätte ich zugelassen, dass diese düsteren Gedanken mir die Laune verderben. Doch dann ist mir ein toller Wichtelzauber wieder eingefallen, den ich gerne mit euch teilen möchte. Er kann nämlich auch euch helfen, wenn euch mal traurige Gedanken kommen!
Schließt eure Augen. Atmet einmal tief ein und langsam wieder aus. Und sagt dann folgenden Satz mindestens dreimal hintereinander:
„Ich bin gut so, wie ich bin!" Wichtig ist, dass ihr auch wirklich fühlt, was ihr sagt. Nur so entfaltet sich der ganze Zauber.

Als ich das gemacht hatte, fielen mir wieder eure leuchtenden Augen und euer Lachen ein. Das hat mir dann gezeigt, dass ich wohl doch ein ganz guter Weihnachtswichtel sein muss. Eure Freude ist mir nämlich sowieso viel mehr wert, als jeden Tag Milchreis zu bekommen.

Euch eine wichtelige Zeit!

PS: Auch wenn es heute keinen Milchreis bei euch gibt, würde ich mich trotzdem über eine kleine Näscherei freuen.

Euer Weihnachtswichtel

wie Jahresende und -anfang

Liebe Familie,

bei all den Vorbereitungen für das große Fest vergesse ich manchmal, dass kurz nach Weihnachten auch Silvester gefeiert wird. Es gibt Wichtel, die werden immer etwas traurig, wenn das Jahr vorübergeht, und das ist auch total in Ordnung. Ich sehe das alles allerdings ganz anders, denn nach jedem Ende ist wieder Platz für einen neuen Anfang. Das alte Jahr ist dann zwar vorbei, aber danach kommt schließlich ein nagelneues mit einem neuen Frühling, einem neuen Sommer, einem neuen Herbst und einer neuen, wunderschönen Weihnachtszeit!

Doch zurück zu diesem Jahr: Träumt euch doch jetzt schon mal zu den schönsten Erinnerungen und Momenten eures Jahres zurück. Ihr könnt dazu Bilder angucken und mit anderen über die schönen Ereignisse sprechen und so noch einmal die Freude und das Glück spüren. Mir wird dabei immer ganz warm ums Herz. Wir Weihnachtswichtel machen das auch jedes Jahr. Wenn alle Wichtel von ihren Gastfamilien wieder zu Hause sind, treffen wir uns und erzählen uns von unseren Erfahrungen und Erlebnissen. Dabei können alle viel lernen, denn die Wichtel haben immer viel Neues von ihrem Schabernack zu erzählen. Ich würde mich freuen, wenn ihr mich an eurer schönsten Erinnerung teilhaben lasst.

Malt mir doch gerne ein Bild davon. Vielleicht wende ich einen Verkleinerungszauber an und hänge es in meinem Kämmerlein auf.

Euch bis dahin eine wichtelige Zeit!

Euer Weihnachtswichtel

K wie Kämmen

Liebe Familie,

hier hinter meiner Wichteltür, in meinem bescheidenen Kämmerlein, habe ich nur das Nötigste, was ich für meinen Aufenthalt bei euch brauche: Zettel und Stift zum Briefe schreiben, meine glitzernden Zauberpulver, ein gemütliches Bett, eine Wichtelzahnbürste und ein paar Kleidungsstücke. Alles, was ich sonst noch brauche, legt ihr mir ja netterweise vor meine Tür oder ich mopse es mir einfach von euch. Da ich nun schon einige Zeit bei euch bin, wurde es mal wieder Zeit für ein bisschen Badespaß. Also habe ich es mir heute Nacht in eurem Badezimmer gemütlich gemacht. Schön ist es dort! Ich habe mir das Waschbecken mit warmem Wasser volllaufen lassen und etwas Seife für den Schaum hinzugefügt. Das hat sooo gutgetan. Ich konnte richtig entspannen, mich mal wieder ausgiebig sauber machen und meine Haare und meinen Bart waschen! Doch oh Schreck! Bei der ganzen Entspannung habe ich die Zeit vergessen und plötzlich hörte ich, wie die Ersten von euch langsam wach werden. Blitzschnell habe ich mir meine Sachen geschnappt und bin zurück zu meiner Wichteltür geeilt. Leider hatte ich keine Zeit mehr, mich richtig abzutrocknen, und jetzt ist mit meinem Bart etwas Komisches passiert: Er sieht aus wie ein explodiertes Vogelnest! Die abstehenden Haare kitzeln mich fürchterlich in der Nase und alles ist verknotet ... Darf ich mir bitte einen Kamm oder eine Bürste von euch ausleihen? Legt es mir gerne vor die Tür, dann kann ich meinen Bart wieder bändigen!
Ich hoffe, eure Haare stehen euch heute nicht auch zu Berge!

Euch bis dahin eine wichtelige Zeit!

Euer Weihnachtswichtel

L wie Langeweile

Liebe Familie,

heute hatte ich meine Wichtelaufgaben ziemlich schnell erledigt und so viel Wichtelmagie wie möglich bei euch verteilt. Nur die Nacht war noch lange nicht vorüber. Mir wurde irgendwann schrecklich langweilig, schließlich habe ich hier ja auch keinen anderen Wichtel, mit dem ich spielen kann. Ich habe hin- und herüberlegt, was ich machen soll. Vor lauter Langeweile bin ich dann herumgelaufen und habe euer Spielzeug entdeckt. Und dann kam mir eine blendende Idee! Kurzerhand habe ich meine Wichtelzauberkraft eingesetzt und ein paar Spielsachen so verzaubert, dass ich mit ihnen spielen konnte. Ich habe ihnen Geschichten aus dem Wichtelwunderwald erzählt, das hat ihnen gut gefallen. Wir hatten eine Menge Spaß, aber irgendwann waren die Spielzeuge sooo müde, dass sie einfach vor meiner Tür eingeschlafen sind. Ich habe ihnen noch kurz beim Schlummern zugeschaut und da ist mir aufgefallen, dass ich diese schöne Zeit ohne die Langeweile, die ich vorher gespürt habe, nie erlebt hätte. Langeweile ist also auf jeden Fall etwas wichtelig Wunderbares! Wenn wir sie als etwas Gutes betrachten, dann lässt sie uns kreativ werden und neue Dinge erfinden. Und das könnt ihr auch ganz ohne Wichtelzauberkräfte! Wenn euch heute oder in der nächsten Zeit mal langweilig wird, dann erinnert euch doch an meinen Brief und werdet auch mal richtig kreativ. Überlegt euch ein neues Spiel oder schlüpft in eine Fantasierolle und erledigt ein paar Sachen im Robotermodus oder als ein Tier eurer Wahl. Ich bin mir sicher, die Langeweile vergeht dann wie im Flug und euch kommen immer neue Ideen!

Euch bis dahin eine wichtelige Zeit!

QR-Code zu Brief L

Euer Weihnachtswichtel

 wie Mütze

Liebe Familie,

habt ihr schon mal etwas Wichtiges verloren? Ich meine etwas, das ihr wirklich richtig doll liebhabt? Ein Kuscheltier, die Lieblingssocken oder ein Spielzeug vielleicht? Wisst ihr noch, wie ihr euch dann gefühlt habt? Traurig, ein bisschen wütend und gleichzeitig verzweifelt? Genauso fühle ich mich zumindest gerade, denn ich habe meine geliebte Wichtelmütze verloren ... Ohne Wichtelmütze fühle ich mich nicht wie ein richtiger Wichtel und außerdem friere ich immer sehr schnell am Kopf. Heute Nacht war ich in eurem Zuhause unterwegs und habe hier und da ein bisschen Weihnachtszauber verbreitet. Dabei muss mir wohl meine Wichtelmütze heruntergefallen sein. Ich hatte keine Zeit mehr, sie zu suchen, da ich schon gehört habe, dass ihr langsam wach werdet. Ich musste schnell zurück hinter meine Tür schlüpfen. Ihr seid ja um einiges größer als ich und habt einfach einen besseren Überblick über alles hier. Könnt ihr mir bitte helfen, meine Mütze zu finden, und sie bis heute Abend wieder vor meine Tür legen? Dafür wäre ich euch wirklich unendlich dankbar!

Wisst ihr eigentlich, warum die Wichtelmützen so lange Zipfel haben? Das verrate ich euch: Wenn wir Wichtel die Mütze auf dem Kopf tragen, sehen wir viel größer aus und fühlen uns auch so. Aber wisst ihr, meine Wichteltür ist etwas zu klein für mich und meine Mütze. Deshalb ist die Mütze ein bisschen krumm und schief, aber ich finde, das macht sie erst recht lustig und einzigartig!

Euch eine wichtelige Zeit!

Euer Weihnachtswichtel

N wie Nikolaus

Liebe Familie,

heute ist ein ganz besonderer Tag: der Nikolaus-Tag! Da auch der Nikolaus ein bisschen Hilfe von den Weihnachtswichteln benötigt, bin ich heute nicht in meinem Kämmerlein bei euch. Ich habe ehrlich gesagt ein wenig verschlafen und musste dann schnell noch die wichtigsten Sachen in meinen Wichtelrucksack packen. Dabei bin ich etwas in Stress geraten. Dummerweise habe ich es dann nicht mehr geschafft, eure Überraschung für heute richtig vorzubereiten.

Entschuldigt bitte!

Ich wollte euch eigentlich mit meiner Wichtelzauberei einen Ohrwurm zaubern, und zwar von einem bekannten Nikolauslied. Doch leider habe ich die Melodie des Liedes so schnell nicht raussuchen können. Ich habe nur den Liedtext gefunden. Daher benötige ich jetzt eure Hilfe. Es ist ja schließlich auch nur richtig, sich Unterstützung zu holen, wenn einem mal alles über den Kopf wächst. Und zusammen kann man so viel mehr erreichen! Bitte lest euch den Text des Liedes durch oder lasst ihn euch vorlesen. Hoffentlich kennt ihr die Melodie von dem Lied, denn dann könnt ihr meine Aufgabe zu Ende bringen, indem ihr das Lied zusammen singt und euch so selbst den Ohrwurm in die Ohren zaubert! Schon mal danke schön für eure Unterstützung!

Euch bis dahin eine wichtelige Zeit und einen schönen Nikolaustag!

 wie Ordnung

Liebe Familie,

bitte entschuldigt das Chaos vor meiner Wichteltür.
Heute Nacht habe ich hier gesessen und gemütlich ein paar Plätzchen gefuttert, als ich plötzlich in einem eurer Zimmer ein Gerumpel gehört habe. Ich hatte Angst, dass jemand wach wird und mich entdecken könnte, also habe ich alles stehen und liegen gelassen und bin schnell hinter meiner Tür verschwunden. Als ich nichts mehr gehört habe, wollte ich noch einmal kurz vor die Tür gehen und mir das angebissene Plätzchen holen. Dabei bin ich dann mit meinen Socken in die Plätzchenkrümel getreten und die liegen hier jetzt überall herum. Bei all den Weihnachtsvorbereitungen für euch habe ich ganz vergessen, in meinem eigenen Kämmerlein für Ordnung zu sorgen. Und so langsam fühle ich mich hier bei dem ganzen Durcheinander selbst nicht mehr richtig wohl.

Also habe ich angefangen aufzuräumen. Und damit es mehr Spaß macht, habe ich so getan, als wäre ich ein Aufräum-Rentier. Ich bin mit Rentierbewegungen und -geräuschen durch mein Zimmer gelaufen und habe alles wieder an Ort und Stelle gebracht. Das war vielleicht lustig! Als ich dann die Krümel zusammenfegen wollte, ist mir aufgefallen, dass ich gar keinen Besen hier habe! Verflixt! Wärt ihr bitte so lieb, mir einen Besen vor die Tür zu legen, damit ich hier richtig sauber machen kann?
Als Dankeschön habe ich für euch einen Aufräum-Gutschein dagelassen. Den könnt ihr einmalig einlösen. Legt den Gutschein bei Bedarf vor meine Tür und in der Nacht werde ich ein wenig für euch aufräumen!

Euch bis dahin eine wichtelige Zeit!

 wie Plätzchen backen

Liebe Familie,

wisst ihr, was das Lieblingsessen von den meisten Weihnachtswichteln ist? Plätzchen mit Milch! Mmh ... schon bei dem Gedanken daran läuft mir das Wasser im Mund zusammen. Plätzchen backen macht ja auch soooo viel Spaß und es duftet so herrlich! Zu Hause in meiner Wichtelhöhle backe ich auch gerne Plätzchen. Da ich hier bei euch ja nur kurz eingezogen bin, habe ich nicht meine ganze Küche eingepackt, daher kann ich hier selbst keine Plätzchen backen. Aber ich habe in der Weihnachtswichtelschule ja auch gelernt, dass es nicht darum geht, den Familien im Advent fertige Plätzchen vor die Wichteltür zu legen, sondern sie dazu zu motivieren, selbst welche zu backen.
Das verbreitet nämlich zauberhaft viel Weihnachtsstimmung! Ich habe euch mein Lieblingsrezept für Wichtelplätzchen zum Ausstechen aufgeschrieben. Wenn ihr mögt, könnt ihr das ja mal ausprobieren. Oder ihr nehmt einfach euer eigenes Lieblingsplätzchenrezept. Bestimmt seid ihr auch schon Plätzchen-Profis! Und falls ihr heute ganz wenig Zeit habt oder der Plätzchenteig nichts geworden ist, gebe ich euch einen Tipp: Mir hat eine kleine Maus erzählt, dass sie manchmal in einem Menschen-Supermarkt unterwegs ist und dort fertigen Plätzchenteig zum Kaufen entdeckt hat. Damit gelingen euch die Plätzchen bestimmt auch und schmecken sicher hervorragend.

PS: Es wäre sehr nett von euch, wenn ihr mir eines von den fertigen Plätzchen vor die Tür legt, damit ich es probieren kann.
Mmh ... ich freue mich schon darauf!

Euch bis dahin eine wichtelige Zeit!

Q wie Quatsch-mach-Tag

Liebe Familie,

heute ist ein ganz besonderer Tag, denn heute ist der superlustige Quatsch-mach-Tag! Wir Wichtel lieben diesen Tag, denn er ist voller Schabernack und lustiger Ideen! Am Morgen sagt man „Guten Abend" und am Abend „Guten Morgen". Egal, wohin man geht, man geht rückwärts oder auf den Händen laufend. Das Frühstück gibt es zum Abendessen und umgekehrt. Fragen wir nach etwas Süßem, bekommen wir etwas Salziges. Wir laufen den ganzen Tag im Schlafanzug herum und unsere Wichtelmützen tragen wir an diesem Tag gerne auch am Popo.

Das ist sooo lustig!
Wollt ihr auch ein bisschen Quatsch machen heute?

Wenn ihr euch traut, könnt ihr eure Klamotten auf links anziehen oder das Unterhemd über dem Pullover tragen. Malen könnt ihr mit den Füßen und heute Abend könnt ihr mal versuchen, wie es ist, verkehrt herum im Bett zu schlafen. Euch fallen bestimmt noch viele andere schelmische Sachen ein, da bin ich mir sicher! Und ich hoffe, dass ich euch dann den ganzen Tag laut lachen höre! Ein bisschen Quatsch habe ich heute Nacht schon gemacht und alle Stühle am Esstisch falsch herum hingestellt. Schon mal so herum gefrühstückt?

Euch für heute eine superlustige Zeit!

Euer Weihnachtswichtel

R wie Rätsel

Liebe Familie,

zur Abwechslung habe ich heute mal ein wichteliges Bild für euch gemalt! Ich habe mir sehr viel Mühe gegeben und fand das Bild so schön, dass ich es am liebsten für mich selbst behalten hätte. Doch dann hätte ich heute ja keine Überraschung für euch gehabt und das geht ja mal gar nicht – Weihnachtswichtelehre und so. Nach kurzem Überlegen kam mir dann die Idee, einen Verdoppelungszauber auszuprobieren und schwupps: Aus einem Bild wurden zwei!

Doch leider ist etwas schiefgelaufen.

Die beiden Bilder sind nicht ganz gleich. So ein Mist! Kurz war ich enttäuscht, doch dann kam mir die Idee, einfach ein Rätsel für euch daraus zu machen! Eine noch viel bessere Überraschung, oder nicht?

In den Bildern sind sechs Unterschiede versteckt. Könnt ihr sie finden?

Viel Spaß dabei
und eine wichtige Zeit!

Euer Weihnachtswichtel

 wie Samen (und zwar zauberhafte)

Liebe Familie,

ich freue mich, euch heute eine ganz besondere Freude machen zu können! Letzte Nacht habe ich vor meiner Tür einiges für euch vorbereitet. Es stehen eine Schale mit magischer Erde und ein paar zauberhafte Samen für euch bereit. Ich werde mich heute Nacht mit ein bisschen Wichtelzauberei und magischem Wasser um die Samen kümmern.

Für das Einpflanzen brauche ich aber noch eure Hilfe, denn ich habe leider keine Schaufel dabei. Ihr seid bestimmt viel schneller fertig, denn eure Hände sind einfach viel größer als meine! Drückt doch bitte mit euren Fingern kleine Mulden in die Erde, legt vorsichtig die Samen hinein und bedeckt sie wieder mit etwas Erde. Mehr müsst ihr nicht tun, um den Rest kümmere ich mich heute Nacht. Ihr könnt sehr gespannt sein, was morgen daraus geworden ist!

Euch bis dahin eine wichtelige Zeit!

PS: Wenn ich alles richtig mache, wird auch die magische Erde mitverzaubert. Diese schmeckt dann wie Zucker, kann weiterverwendet werden und muss keinesfalls im Müll landen!

T wie Traum

Liebe Familie,

ich hoffe, ihr habt alle fabelhaft geschlafen? Heute möchte ich euch von einer meiner liebsten Aufgaben als Weihnachtswichtel erzählen: Wir Weihnachtswichtel wachen über eure Träume und euren Schlaf, solange wir bei euch wohnen. Wir versuchen alle schlechten Träume zu vertreiben und sie durch die Vorfreude auf Weihnachten zu ersetzen, sodass ihr vor allem von Weihnachtsbäumen, Schnee und Plätzchen träumt. Dazu schleichen wir uns nachts in eure Zimmer und verteilen unseren speziellen Weihnachtswichtel-Traum-Staub, damit alle gut schlafen können und wichtelige Träume haben. Für mich ist es so schön zu sehen, wie friedlich ihr ausseht, wenn ihr schlaft. Es erfüllt mich mit Freude zu wissen, dass ihr euch nachts gut erholen könnt, damit ihr tagsüber fit für einen magischen, neuen Tag seid. Manchmal klappt es mit dem Weihnachtswichtel-Traum-Staub allerdings nicht so, wie es soll. Wenn ihr euch gerade die Nase reibt oder euch im Schlaf umdreht, kommt zu wenig von dem Staub bei euch an und die Träume sind nicht so weihnachtlich, wie sie sein sollten. Für diesen Fall habe ich noch einen wichteligen Tipp für euch: Lacht in euren Zimmern so oft und so viel, wie es geht, aus vollem Herzen. Dieses wohlige Geräusch finden Albträume nämlich überhaupt nicht schön und so trauen sie sich gar nicht erst in eure Gedanken.

Ist das nicht ein super Anlass, um heute eine Kitzel-Party in euren Zimmern steigen zu lassen oder einen Witze-Wettbewerb?

Euch bis dahin eine wichtelige Zeit!

Euer Weihnachtswichtel

 # U wie Umwelt und Natur

Liebe Familie,

damit die Geschenke am Heiligabend auch bei euch zu Hause ankommen, war es heute Nacht meine Wichtelaufgabe, die Umgebung bei euch mal auszukundschaften. Für mich war es sehr interessant zu sehen, wie die Natur rund um euer Zuhause so aussieht. Sie ist ganz anders als bei mir im Wichtelwunderwald! Auf meiner Wanderung habe ich Häuser und Bäume gesehen und Straßen mit schnellen Autos (vor denen wurde ich in der Wichtelschule schon gewarnt, denn wenn man so klein ist wie wir Wichtel, ist so ein Auto ziemlich gefährlich). Wenn man mit allen Sinnen, also mit offenen Augen und Ohren und schnuppernder Nase durch die Natur geht, kann man ihre wahre Schönheit am besten erkennen. Und da ich ja ein neugieriger kleiner Wichtel bin, habe ich mir alles ganz genau angesehen. Die Farbe der Blätter, die Struktur der Rinde, die Form einer Nuss. Ich war ganz versunken in die vielen schönen Details und wollte mir ein paar der Dinge mitnehmen, doch dann zwitscherte mir ein Vögelchen ins Ohr, ich müsse mich beeilen, denn gleich würden die ersten Menschen schon wieder aufwachen. Also ließ ich alles liegen, um schleunigst zu euch zurückzukehren und hinter meiner Tür zu verschwinden! Bei diesem Abenteuer ist mir eine Idee gekommen: Macht doch heute mal eine Natur-Safari! Sammelt Dinge, die ihr schön findet, zum Beispiel Steine, Äste, Blätter oder Moos. Ich würde mich sehr freuen, wenn ihr mir ein paar von den Schätzen vor meine Tür legt, dann kann ich sie mir ganz genau ansehen. Und vielleicht könnt ihr daraus ja auch etwas Weihnachtliches basteln? Euch eine wichtelige Zeit!

PS: Könnt ihr bitte für das Vögelchen ein paar Körner, Kerne oder Nüsse hinlegen, wenn ihr draußen seid? Als kleines Dankeschön, dass es mir rechtzeitig Bescheid gegeben hat.

QR-Code zu Brief U

Euer Weihnachtswichtel

V wie Verzaubert

Liebe Familie,

ihr würdet bestimmt auch gerne zaubern können wie ich, oder? Das kann ich gut verstehen, denn es wirkt immer so einfach, wie wir Wichtel unseren magischen Weihnachtszauber verbreiten. Doch eins kann ich euch verraten: Zaubern ist ziemlich anstrengend! Deswegen benutzen wir unsere Zauberkraft auch nur, wenn es unbedingt sein muss. Und danach müssen wir uns erst mal wieder richtig ausruhen. Soll ich euch mal erklären, welche Zauber es so gibt? Also, da wäre zum einen der ganz normale Wichtelzauber. Den können alle Wichtel von Geburt an. Damit kann man schon so allerlei Dinge anstellen. Doch ein echter Weihnachtswichtel braucht zudem noch ein paar spezielle Zauberformeln! Diese lernen wir in der Weihnachtswichtelschule. Einer der wichtigsten Zauber ist der Unsichtbarkeitszauber, mit dem wir uns im Notfall blitzschnell unsichtbar machen können, wenn ein Mensch auftaucht. Außerdem lernen wir noch Schrumpfzauber, Vergrößerungszauber, Flugzauber, Verdopplungszauber und natürlich den schönsten Zauber von allen: den Weihnachtszauber! Mit Hilfe dieses Zaubers schaffen wir es, dass die Weihnachtszeit für unsere Gastfamilien besonders schön und magisch wird. Außerdem gibt es noch den Essbarkeitszauber. Damit können wir Dinge so verzaubern, dass wir sie wirklich essen können. Aus einem Spielzeugapfel machen wir dann zum Beispiel einen Wichtelapfel. Da fällt mir ein, Hunger habe ich gerade wirklich ein bisschen. Allerdings bin ich jetzt schon viiiel zu müde für den Essbarkeitszauber ... Vielleicht versteckt sich ja in eurer Küche noch etwas Leckeres für mich, ich gehe gleich mal auf die Suche!

Euch bis dahin eine wichtelige Zeit!

Euer Weihnachtswichtel

QR-Code zu Brief V

W wie Wut

Liebe Familie,

ich wollte euch letzte Nacht etwas ganz besonders Lustiges zaubern: Den besten Wichtelstreich überhaupt in dieser Vorweihnachtszeit! Ein riesiger Haufen Zuckerwatte sollte euch am Morgen aus dem Kühlschrank entgegenkommen. Doch es hat leider nicht geklappt. Nicht mal ein wichtelig-winziges bisschen Zuckerwatte ist es geworden ... Immer und immer wieder habe ich den schwierigen Zuckerwatte-Zauber versucht und jedes Mal, wenn ich den Kühlschrank geöffnet habe, war da NICHTS, einfach GAR NICHTS! Das hat mich richtig wütend gemacht. Seid ihr auch manchmal wütend? Was macht ihr dann, um die Wut wieder loszuwerden? Laut schreien oder stampfen helfen mir oft dabei, doch ich wollte euch nicht wecken. Also habe ich in ein weiches Kissen geboxt und mir danach noch Stift und Papier geschnappt und ein Wut-Bild gemalt. Ich habe die ganze Wut aus mir heraus auf das Bild gekritzelt. Ein richtiges Krickelkrakel ist das geworden! Das müsst ihr auch mal ausprobieren, wenn ihr das nächste Mal wütend seid! Danach fühlte ich mich aber gleich viel besser und konnte wieder klarer denken.

Da habe ich dann auch verstanden, dass ich mir mit dem Zuckerwatte-Zauber wohl etwas zu viel vorgenommen hatte. Eigentlich schaffen den nämlich nur ganz erfahrene Weihnachtswichtel. Von der großen Wut, der Kritzelei und der ganzen Zauberei war ich dann plötzlich ziemlich müde. Doch für eine andere Überraschung im Kühlschrank hat es trotzdem gereicht. Schaut doch mal nach! Und weil dieser Streich doch noch geklappt hat, liege ich jetzt mit einem zufriedenen Grinsen in meinem Bettchen. Euch eine wichtelige Zeit!

Euer Weihnachtswichtel

QR-Code zu Brief W

 # wie X auf einer Schatzkarte

Liebe Familie,

jetzt bin ich schon ein Weilchen bei euch und obwohl ich es hier richtig schön finde, freue ich mich langsam auf meinen wohlverdienten Wichtelurlaub. Doch bevor es für mich zurück nach Hause in den Wichtelwunderwald geht, steht noch eine große Aufgabe an!
Am 24. Dezember dürfen wir Weihnachtswichtel nämlich dem Christkind und dem Weihnachtsmann dabei helfen, die vielen Geschenke an die Kinder zu verteilen. Darauf freue ich mich jetzt schon riesig! Und es gibt eine Besonderheit: Die Weihnachtswichtel, die zuvor bei einer Familie gewohnt haben (so wie ich bei euch), dürfen die Geschenke auch genau dort abliefern. Ein letztes Mal darf ich dann heimlich eure leuchtenden Augen sehen und euch eine Freude machen. Es gibt da nur ein Problem: Ich kenne mich bei euch in der Gegend zwar ganz gut aus, ich war aber immer nur zu Fuß unterwegs. Da wir die Geschenke mit einem fliegenden Schlitten bringen, habe ich Sorge, dass ich euer Zuhause aus der Luft nicht wiederfinde. Von weit oben sieht alles bestimmt ganz anders aus.

Wenn ihr mir draußen jedoch ein Zeichen hinterlasst, könnte ich heute Nacht schon mal üben, sodass ich euch dann an Heiligabend viel schneller wiederfinden kann. Ein großes Kreuz, wie auf einer Schatzkarte, wäre doch eine gute Idee, oder? Ihr könnt es mit Kreide malen oder aus Stöcken oder Steinen auf den Boden legen. Wenn es fertig ist, werde ich nachts meinen Flugzauber nutzen und hoch über die Häuser fliegen. Dann sehe ich das Kreuz und kann mir besser merken, wo ihr genau wohnt. Ich danke euch herzlich für eure Hilfe!

Bis dahin eine wichtelige Zeit!

Y wie Yoga und Meditation

Liebe Familie,

heute Nacht war ich ziemlich unruhig. Die Weihnachtsvorbereitungen machen mir sehr viel Spaß. Es ist aber manchmal auch etwas stressig, alles in der kurzen Zeit, in der ihr schlaft, fertig zu bekommen. Eine kleine Runde Yoga hilft mir dann, mich wieder zu beruhigen. Von Yoga habt ihr bestimmt schon mal gehört. Es gibt Übungen mit lustigen Namen wie zum Beispiel „Der Baum", „Herabschauender Hund" oder „Schwankende Palme".

Zum Yoga gehören aber nicht nur Sport-Übungen, sondern auch Entspannung und Meditation. Meditation ist eine besondere Art des Denkens, bei der man sich entspannt und sich auf schöne Gedanken oder Gefühle konzentriert. Es hilft dabei, sich ruhig und glücklich zu fühlen. Deshalb habe ich für euch eine Entspannungsreise geschrieben, in der ihr gedanklich in den Wichtelwunderwald reisen könnt. Ihr könnt es also gerne mal ausprobieren. Habt ihr Lust?

Dann lasst euch die Entspannungsreise vorlesen, am besten abends im Bett. Danach kann man nämlich wunderbar einschlafen.

Euch bis dahin eine wichtige Zeit!

Z wie Zum Schluss

Liebe Familie,

ich sitze hier mit einem weinenden und einem lachenden Auge, denn heute muss ich euch leider verlassen. Meine Siebensachen habe ich schon gepackt. Es war eine wundervolle Zeit, die ich bei euch verbringen durfte. Eure Freude, euer Lachen und eure strahlenden Augen haben mich wirklich glücklich gemacht. Und ihr habt euch fabelhaft um mich gekümmert. Ich gehe mit einem Herzen vollgestopft mit glücklichen Erinnerungen! Heute helfe ich dann dem Christkind und dem Weihnachtsmann dabei, die vielen Geschenke zu verteilen. Darauf freue ich mich auch schon riiiesig! Es wird noch mal ein anstrengender Tag, aber ich werde sicher mit leuchtenden Kinderaugen und viel Glückseligkeit belohnt. Danach kehre ich dann in meine kleine Baumhöhle im Wichtelwunderwald zurück und werde mich erst mal von meinen Abenteuern erholen. Und natürlich habe ich noch ein Abschiedsgeschenk für euch: Nichts weniger als den größten Schatz der Welt! Ich erkläre euch jetzt, wie ihr diesen Schatz findet: Stellt euch vor einen Spiegel, schließt die Augen und atmet einmal tief ein und aus. Nun öffnet ihr die Augen wieder. Was ihr nun im Spiegel seht, ist die allergrößte Kostbarkeit, die es überhaupt gibt. Denn DU bist der größte Schatz der Welt! Euch und euren Lieben wünsche ich ein zauberhaftes Fest mit gutem Essen, viel Spaß beim Auspacken der Geschenke und gaaaanz viel Liebe.

PS: Damit beim Auspacken eurer Geschenke nachher auch alles gut klappt, habe ich euch letzte Nacht schon mal eine Kleinigkeit eingepackt. So konnte ich das Geschenke-Einpacken üben und ihr gleich das Auspacken. Den Inhalt dieser Päckchen würden manche bestimmt auch als einen der größten Schätze der Welt bezeichnen. Viel Spaß damit!

Die Reise zurück zum Wichtelwunderwald

Es war eine sternenklare Nacht und funkelnde Nordlichter tanzten am Himmel. Durch Eis und Schnee lief der kleine Wichtel Richtung Wichtelwunderwald, zurück nach Hause. Kurz blieb er stehen, um das magische Schauspiel zu betrachten. Dabei dachte er an die vergangene Zeit als Weihnachtswichtel bei der lieben Familie zurück.

Leuchtende Kinderaugen, herzliches Lachen und ganz viel Liebe – seine erste Wichtelsaison hatte ihm wirklich viel Spaß gemacht. Das waren Momente, an die er sich sein Leben lang erinnern würde. Wieder einmal spürte er große Dankbarkeit, dass er auf sein Herz gehört und die Ausbildung zum Weihnachtswichtel gemacht hatte. Doch jetzt freute er sich sehr auf seine gemütliche Baumhöhle und das warme, lodernde Kaminfeuer darin. Seine Freunde und Familie erwarteten ihn dort schon. Sie waren sehr gespannt, was er in seinem ersten Jahr als Weihnachtswichtel alles erlebt hatte. Bei einer großen Portion Milchreis würde er ihnen von der Familie und der zauberhaften Weihnachtszeit bei ihnen erzählen.

Er stapfte weiter durch den Schnee und insgeheim schmiedete er schon Pläne für die nächste Vorweihnachtszeit. Er hatte seine Gastfamilie sehr ins Herz geschlossen und wäre sehr dankbar, wenn er die nächste Vorweihnachtszeit wieder mit ihnen verbringen könnte. Doch dann fuhr ihm ein schrecklicher Gedanke durch den Kopf und er blieb abrupt stehen: Was, wenn er seine Sache nicht gut genug gemacht hatte? Was, wenn ihn im nächsten Jahr keine Familie mit dem Wichtellicht rufen würde? Aufgewühlt schaute er noch einmal hoch in den Himmel zu den tanzenden Nordlichtern.

Und da!

Eine Sternschnuppe zischte am Himmel vorbei. Schnell dachte der kleine Wichtel an seinen sehnlichsten Wunsch:

„Ich wünsche mir von ganzem Herzen,
dass ich meinen Weihnachtszauber nächstes Jahr wieder
bei einer lieben Familie verbreiten darf."

Er lächelte und machte einen Freudensprung.
Tief im Herzen wusste er, dass sein Wunsch in Erfüllung gehen würde. Schließlich hatte er eine Sternschnuppe gesehen!
Dann rieb er sich seine kalten Hände und lief weiter Richtung Wichtelwunderwald, zurück nach Hause.

Also liebe Kinder,

*ich hoffe, ihr habt euch über den größten Schatz der Welt gefreut und denkt ab jetzt immer daran, wenn ihr in den Spiegel schaut.
Ich danke euch von Herzen für die schöne Zeit und würde mich riesig freuen, wenn ich auch die nächste Vorweihnachtszeit wieder bei euch verbringen darf. Wie ihr mich rufen könnt, wisst ihr ja jetzt. Eine Kerze und den Wichtel-komm-herbei-Zauberspruch – mehr braucht es nicht, um eine Wichteltür, Schabernack und Weihnachtszauber in eurem Zuhause erscheinen zu lassen.*

*Ich mache jetzt erst mal Urlaub und wünsche
euch viele magische Momente!*

Euer Weihnachtswichtel

Lena Weddeling und **Hanna Niestegge**
sind Schwestern aus dem beschaulichen Vreden an der niederländischen Grenze. Gemeinsam teilen sie nicht nur ihre Herkunft, sondern auch ihre kreativen Berufungen.

Inspiriert von der skandinavischen Wichtel-Tradition entwarf Lena zauberhafte Briefe, Wichtelgeschichten und eine kleine Holztür, um die Adventszeit ihrer beiden jungen Söhne zu bereichern. Hanna verlieh dem Weihnachtswichtel mit ihrem zeichnerischen Talent einen charmanten und lebendigen Ausdruck. In enger Zusammenarbeit entstand so das Buch
„Die magische Wichteltür".